JN120342

車の軽い接触事故で通院の相手と裁判で戦ってみました

鹿島廣幸
KASHIMA Hiroyuki

文芸社

はじめに

軽い接触事故にもかかわらず、疑わしい通院によって保険金を不当に受給しようとする者がいる話は聞いたことはありましたが、私に降りかかることになるとは思ってもいませんでした。

私が経験したのは、その状況からして「これは許せない。このまま黙っていると、**第二、第三の被害者が出るかも知れない。もしくはすでに私が第二、第三の被害者なのかも知れない**」というものでした。そして「私で止めてやる」と考え、戦うことにしました。

【事実、事故当時運転歴10年ほど（28歳）のこの相手は、予想通り事故による『病院と整骨院のセット通院事例』がこの時３回目であることが口頭弁論時に判明した】

裁判で勝ったとしても、相手が手にする慰謝料を停止、または減額するだけで、私には何の利益もありませんが、**「このようなことを許してはいけない」**との考えで、自分の金を使ってでも裁判に踏み切ることにしました。

他人には理解し難いかも知れません。

相手の車の前を塞いで車内の母娘に罵声を浴びせ続けている男、販売員さんやスポーツ施設のスタッフにしつこく絡んでいる客を止めるなど、見過ごすことが出来ない性格だと言えば、今回の裁判も多少は理解してもらえるのではないでしょうか。

自費での裁判準備をしていた折、損害保険代理店より「加入していた**任意保険の弁護士特約が使える**」との有り難い連絡があったので、弁護士特約を利用して裁判を行い、少しだけ予定より軽くなった負担分で全くの素人ながらこの体験を出版をすることにしました。

今回、このような事案を少しでも減らせればと思い、考え抜いた様々な対応も実践してみました。それでも疑問が残った「事故事例とその判決」を紹介しています。

様々な理不尽に遭ったり、裁判と言われると尻込みや恐れる人々に、今回の裁判を例に、**「裁判はこのように進められて簡単であること」**を伝え、万一、当事者になった時の対応に本書が少しでも参考になれば幸いです。

車の軽い接触事故で通院の相手と裁判で戦ってみました

目次

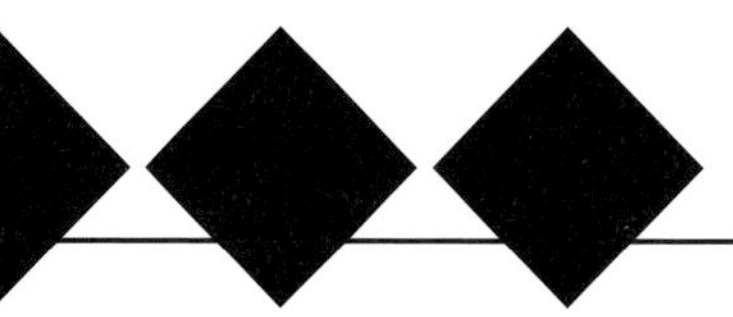

はじめに 3

01 事故と裁判の経緯 13

02 事故発生 17

1 警察による現場検証と保険会社の確認 17

2 警察官への説明とその後の経緯 17

03 警察の対応 19

1 人身事故への切替連絡 19

2 現場検証の催促と警察官よりの質問 19

04 事故現場の検証と録音 21

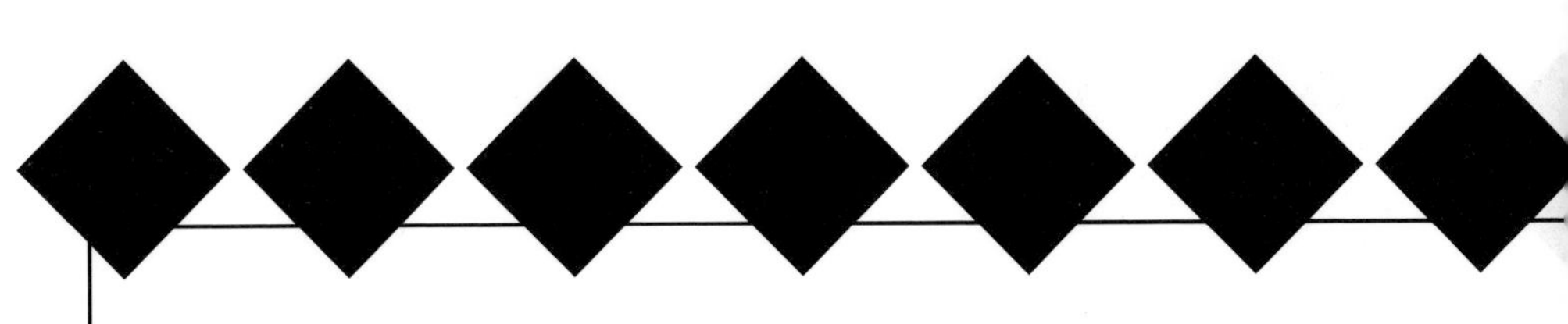

1　現場検証時の録音　21
陳述書の嘘と録音の文字化書面の提出　22

05
保険金支払い案内通知と長期の通院　24

06
保険会社への相談と特約利用での弁護士契約　25
1　損害保険会社へ特約利用願を提出　25
弁護士特約利用願の内容　25
2　弁護士特約利用の受付通知（2月8日付）到着と弁護士との契約　27
3　事故の状況整理　27
4　被害状況と相手主張との比較　27

07
簡易裁判所での裁判　29
1　裁判開始と出席状況、原告車両の被害検証　29

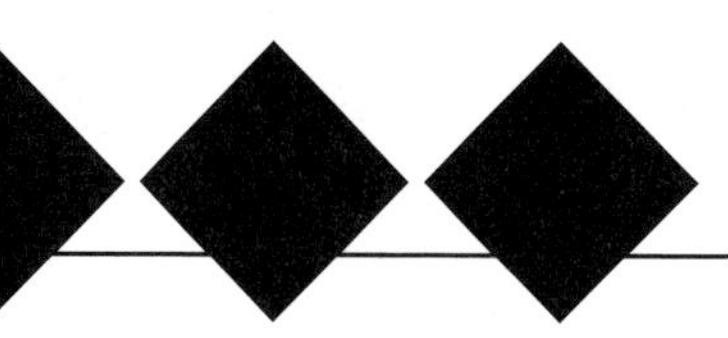

2　通院慰謝料支払停止と相手よりの支払い訴え　30

08
地方裁判所での裁判　32
1　地方裁判所での裁判開始　32
2　相手車両被害写真の逆証拠提出　32
3　事故車両の検証と写真撮影、添付　34
4　裁判官よりの質問と返答　34

09
地方裁判所による和解案提示　36
1　和解案提示の内容　36
2　和解案提示に対する反論と拒否　37

10
口頭弁論（聴聞）開催　39

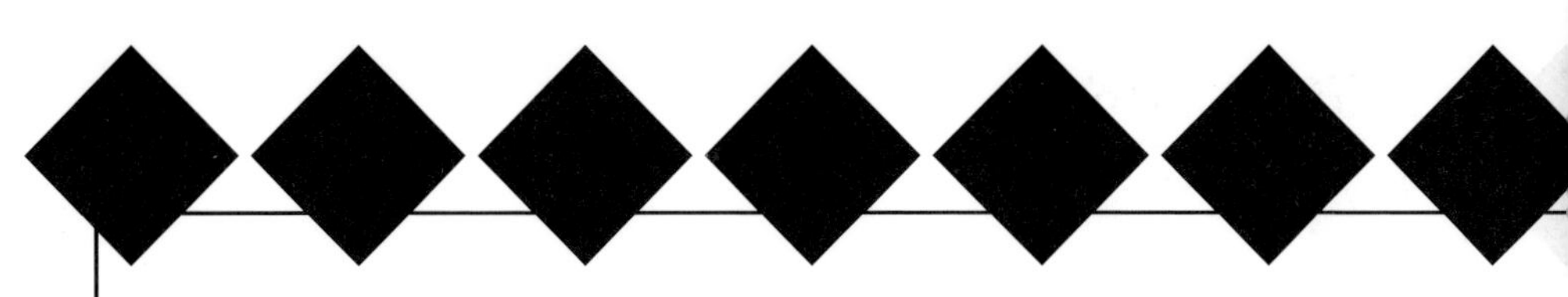

11 原告の口頭弁論内容（速記録） 40

1 原告弁護士による尋問（1） 40

2 被告弁護士による尋問 55

事故見分調書内容について 55

3 原告補助弁護士による尋問（2） 56

事故時の状況 56

12 被告の口頭弁論内容（本人調書） 58

1 被告弁護士による尋問 58

事故までの経緯と通院理由 58

整骨院通院の理由 62

2 原告弁護士による尋問（1） 63

事故の状況と仕事内容 63

医者による整骨院通院許可 67

湿布薬使用状況 70

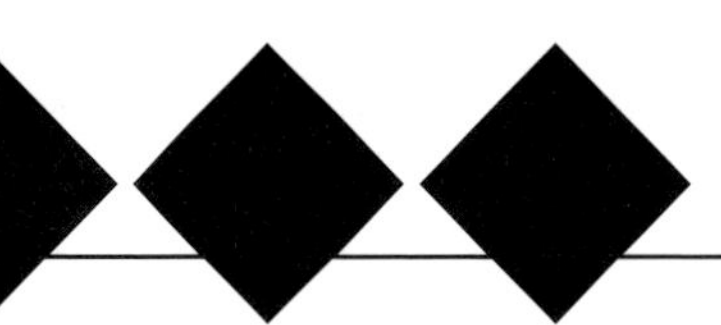

3　原告補助弁護士による尋問（2）　75

過去の事故状況と整骨院通院許可　75

急ブレーキについて　84

整骨院通院許可について　86

事故被害状況　87

4　裁判官による尋問　88

整骨院通院許可について　88

13　被告への尋問の感触　91

1　勤務時間と事故発生時間　91

2　急ブレーキ時の衝撃　92

3　尋問証言に対する弁護士よりの「準備書面」　92

4　その他の不可解証言　93

14　地方裁判所判決　95

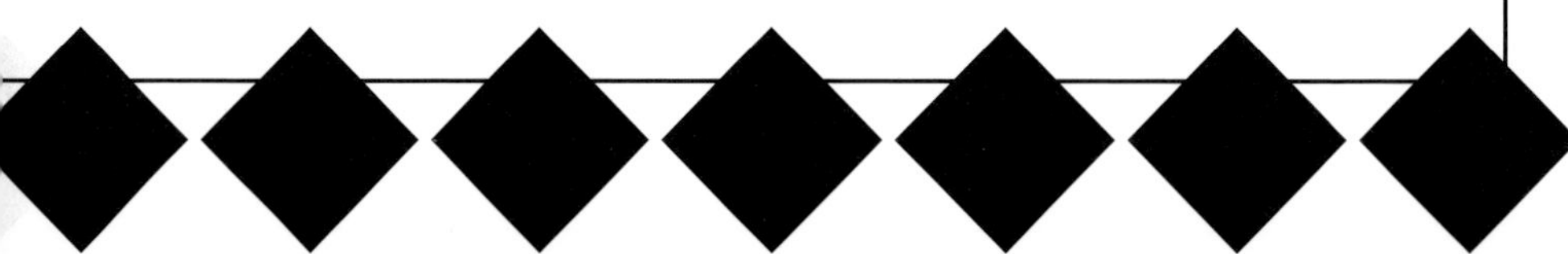

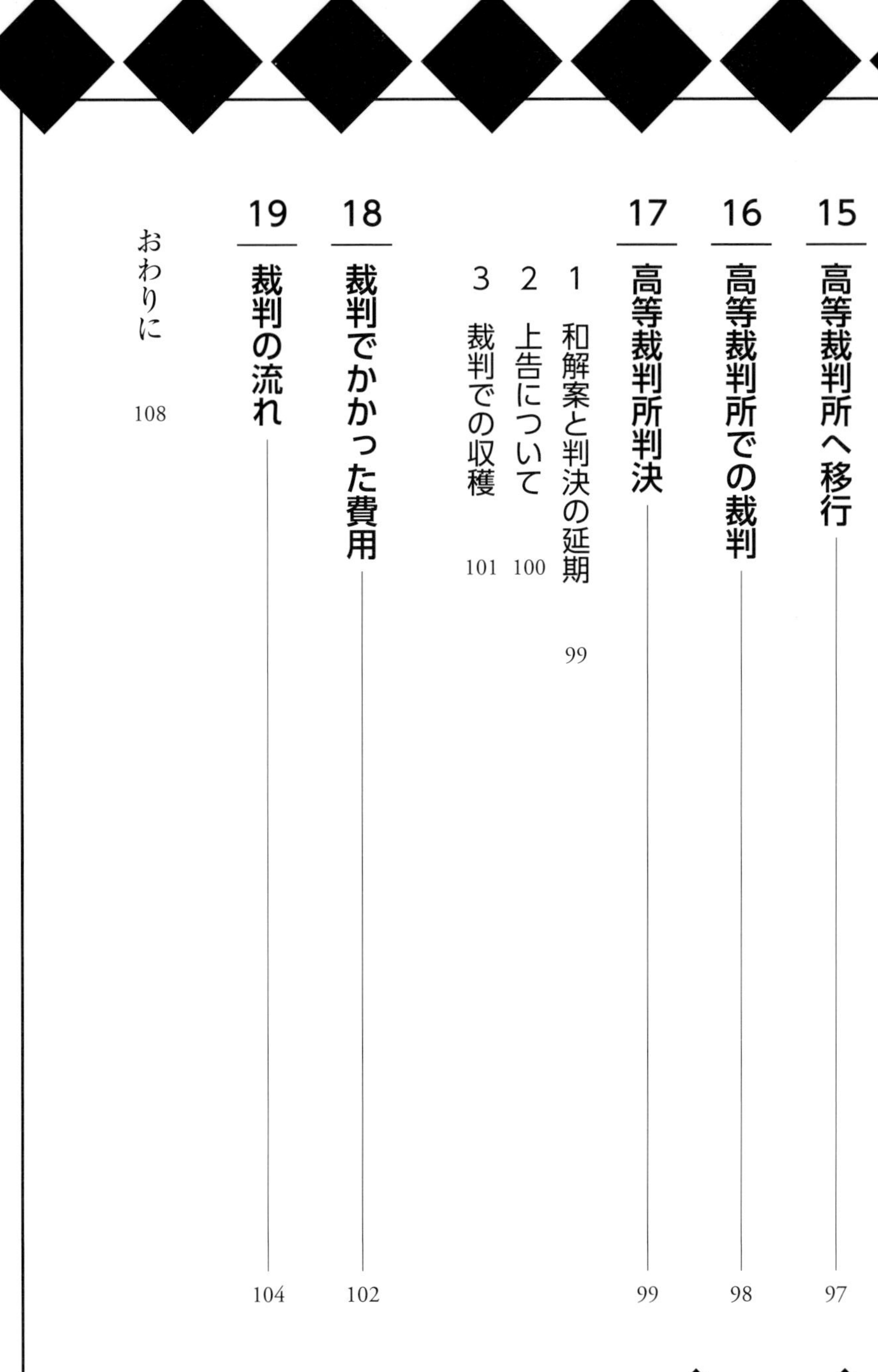

15 高等裁判所へ移行 97

16 高等裁判所での裁判 98

17 高等裁判所判決 99

1 和解案と判決の延期 99

2 上告について 100

3 裁判での収穫 101

18 裁判でかかった費用 102

19 裁判の流れ 104

おわりに 108

01 事故と裁判の経緯

原告（私）

2016年（平成28年）

※11月29日　事故発生

12月15日　損害保険会社より保険金支払い状況の通知を貰う

12月22日　警察より人身事故扱いの連絡を貰う

2017年（平成29年）

2月1日　あまりにも遅いため現場検証を催促

被告（相手）

11月30日　通院を始める

◎病院と整骨院に67回通院

2月8日　1月に申請していた弁護士特約利用受付通知を貰う

2月11日　弁護士との打ち合わせと契約

※2月21日　事故現場検証

4月11日　最後の保険金支払い通知を貰う

4月13日　弁護士の指示により警察で事故証明の発行手続き

5月8日　弁護士に裁判の委任状提出

※9月19日　簡易裁判所裁判開始

※10月19日、11月16日以後も1～2ヶ月間隔で裁判

※原告車両の被害検証

2018年（平成30年）

※2月1日、3月1日と裁判続く

2月28日　現場検証時の録音USBメモリーと内

3月27日　通院終了

容の文字化書面を弁護士へ提出

※3月29日　裁判

3月29日　裁判後、保険金支払停止願提出で支払いが停止となる

5月23日　被告の支払い訴えに対応の弁護士が補助参加

※簡易裁判所から地方裁判所へ移る

◎被告提出のドアミラー修理写真を軽い事故の証明として逆利用提出

※8月28日　地方裁判所での裁判開始

10月3日　車の損傷状況検証申立

※10月16日　車両検証

2019年（平成31年／令和元年）

※2月4日　裁判所による和解案提示

◎支払い請求の訴え

◎ドアミラー修理写真提出

（双方拒否）

※1〜2ヶ月間隔で裁判続く

※7月10日　口頭弁論

※11月18日　判決

2020年（令和2年）

※3月18日　高等裁判所での裁判

※4月10日　予定の和解案提示

（新型コロナ流行により延期）

※5月14日　和解案提示

※6月26日　判決

1月21日　高等裁判所へ上告

02 事故発生

1 警察による現場検証と保険会社の確認

平成28年11月29日（火）15時頃。

筑後川の堤防道路を走行中、ゆっくり走っている軽自動車を追い越した後の緩やかな右カーブ入口付近で、軽自動車と接触し（私は接触に気付かなかったので、相手の証言より）、相手車ドアミラー先端の塗装が私の車の左後部に細い線として付着した。

警察による現場検証、そして損害保険代理店へ連絡して損害状況の確認をしてもらうことで、事故の対応は終わったと思っていた。

2 警察官への説明とその後の経緯

事故当日、警察官への相手側の説明では急ブレーキの話は出ておらず、単なる接触による物損事故と思っていたが、翌日、損害保険代理店より「相手は、接触による揺れと急ブレーキによる怪我で病院へ行くと言っている」との電話連絡があった。

急ブレーキをかけたのであれば、そのブレーキ痕を示して「ここが接触場所」と説明するのが普通だと思うが、15mぐらい離れた場所より指差して「あの辺りで接触」と証言していたのも、その時は物損事故と思い気にしなかったが、急ブレーキにより怪我をしたとの主張なら不自然なものだった。

後日の裁判では、この件（不自然な証言）を弁護士に伝え、法廷での尋問時に指摘してもらうことで、ブレーキ痕の確認をしていないこと、警察官に見せていないことを認める証言を引き出せた。

03 警察の対応

1　人身事故への切替連絡

12月22日、所轄の警察署より**「相手より診断書が提出されたので、人身事故となり、**現場検証が必要」との電話があった。

「4日後の26日以外ならいつでも可能」と返事をしたが、直後に「相手が忙しいと言っているので年明けに実施する」との連絡があった。

2　現場検証の催促と警察官よりの質問

年が明けても一ヶ月間連絡がないため、2月1日、所轄の警察署へ現場検証の催促に行き、同月21日実施となった。

〈警察官よりの質問内容〉

その催促時に事故状況を質問されたので、

「追い越しが終わったと思い、左側へ戻ろうと相手車の位置確認のため左側ドアミラーに視線を移すと、助手席窓ガラス越しに追い越したはずの相手車のボンネット先端が見えた。**相手は加速したらしく、『このままでは事故になる』と思い、**私が慌てて加速後、気付かなかったが接触していたらしい」

と説明した。若い警察官から、

「ボンネットが見えた時、相手車の位置は**近かったですか？**」

という、おかしな質問に違和感を強く持ちながらも、

「堤防の道路幅がそれなりにあるので、**近いと言えば近い**とも言える。しかし、危ない、このままでは事故になると思った」

そのように説明をした。

しかしこの返事が、次に述べる、現場検証時のトラブルの原因となった。

後日の地方裁判所裁判官からは「それぞれの車の**距離感**はどうだったか」とわかりやすく聞かれ、その時は「50㎝ぐらい」と返事をした。

04
事故現場の検証と録音

1　現場検証時の録音

事故当日の警察官へと翌日のこちら側の損害保険代理店に対する、相手による事故状況説明が違うことで、都合よく証言を変える相手と感じたので、2月21日の現場検証には念のためレコーダーを持参し録音した。

検証の大半は別々に話を聞かれ、相手の証言を録音する機会は少なかったが、2月1日に警察署で私が言った「近いと言えば近い」という発言部分だけを切り取り、繰り返し、「近いと言った」と言う警察官に反論している場面、私は接触に気付かなかったため、接触の場所を説明出来ないことに対して、「あなたがわからないなら、相手が説明した場所が接触場所になる」と言う警察官の発言に従った場面などが録音出来た。

現場検証の経過を残すため、更には、録音されていない部分を偽証の口実とさせないため、最初から最後まで（相手の検証で待たされた30分間ほどは通過車の走行音と風の音だけであったが）録音を続けた。

■陳述書の嘘と録音の文字化書面の提出■

後日、現場検証の警察官が作成した「調書の見取り図」を弁護士より見せてもらった。

1、なぜか、相手が主張し私も納得した接触場所（カーブ入口）と違った場所（直線部）で接触したようになっていた。

2、裁判所へ提出された相手の「陳述書」には**「説明した接触場所に対して、（私＝鹿島が）違う場所を言い張ったため、事実と違う場所が実況見分調書に記載となった」**と記されていた。

陳述書の偽証を証明するため、事実を録音したUSBメモリーと、その内容を文字化した書面を証拠として弁護士に提出した。

ちなみに録音を文字化した20頁の証拠書面を1週間ほどかけて作成した。

しかし、弁護士が3年後の高等裁判所での裁判まで提出しなかったことで「被告主張の接触場所を認めている」にもかかわらず「地方裁判所判決文」には、**「原告が主張した場所と、被告が主張の場所が矛盾した言い分」**と表現されていた。

05 保険金支払い案内通知と長期の通院

損害保険会社より、病院、整骨院への治療費支払い状況通知の**「支払い案内書」**が立て続けに来た。

驚いたことに**その回数は**、事故翌日から通院が始まり、**病院に16回、整骨院に51回の合計67回、しかも約４ヶ月**にも及び、**同じ日に病院と整骨院両方の通院**も数日あった。

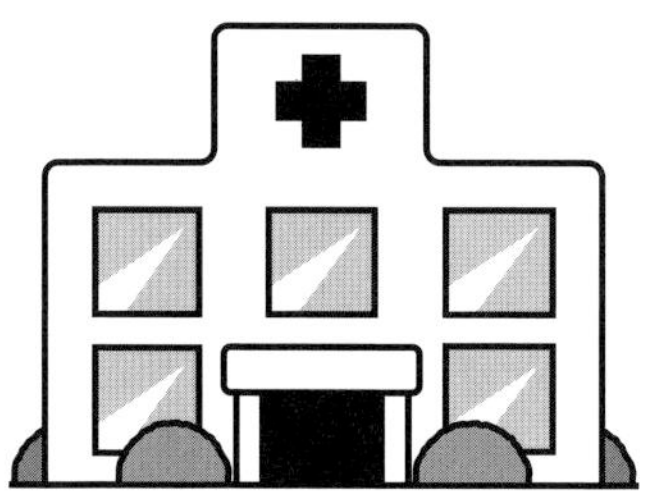

06 保険会社への相談と特約利用での弁護士契約

1　損害保険会社へ特約利用願を提出

裁判準備の資料集めのために、損害保険代理店に前例と対応について問い合わせをしたところ、「裁判は初めての事例ですが、加入していた弁護士特約が利用出来ます」との返事を貰ったので、**損害保険会社へ特約利用願を提出。**

私は弁護士特約に加入していることを忘れており、費用を負担する覚悟をしていただけに非常に嬉しく有り難い返事だった。

■弁護士特約利用願の内容■

◎弁護士特約を利用したい

◎お互いの車の損傷も非常に軽く、怪我するほど相手車が揺れたとは考えにくい

◎弁護士費用は保険特約を利用し、裁判は自費でもしたい

（弁護士費用だけの特約と思い裁判費用も含むとは知らなかった時点での文面）

◎第二、第三の被害者を出させないことや、このような人身事故扱いが利益にならないことを知らしめるのが目的であり完全勝訴には拘らない

◎過去に、所属団体の理事（理事5人）として相手からの訴えを受けて立った経験と、多少の知識はある

2　弁護士特約利用の受付通知（2月8日付）到着と弁護士との契約

早速、弁護士と契約、裁判に関する「委任状」に押印。弁護士の指示により警察から「事故証明書」を取り提出した。

3　事故の状況整理

（相手車）黒色のドアミラー先端部1ヶ所が少し剥げて僅かに白く見え、それ以外の損傷や変形はない。

（私の車）相手車の塗料が水平に付着。相手が主張する「急ブレーキ」では考えられない、緩やかに約2㎝ほど斜め下向きの塗料付着のみで車体に損傷はない。

4　被害状況と相手主張との比較

「緩やかで僅かに斜め下向きの相手車の塗料の付着状況」と、相手が主張する「急ブレーキ時」のドアミラー位置の具合を比較するため、相手車と同型車の該当部位の急ブレーキ時における車体の沈み込み量を調べた。

ちなみに相手車は古い車種であることから、中古車情報誌で同型車展示店を探して調べた。その後、知人の一人も同型車を所有していることがわかり、更に詳しく調べることが出来た。

更には次の確認と対応をした。

◎ドアミラーの接触で車が揺れたとの主張
↓接触を想定して我が家の2台と知人1台のドアミラーを横から軽く叩いた。ドアミラーが簡単にパタンと倒れるだけで車は全く揺れない。
【事故時の相手車ミラーは倒れていなかったこともあり、相手車体は揺れていないと判断】

◎接触時の急ブレーキで捻挫との証言
↓私の車に付着した「緩やかで僅か2㎝ほど斜め下向き」の相手車の塗料跡から急ブレーキは有り得ないと考えた。

これらを書面化し、弁護士に提出した。

07 簡易裁判所での裁判

1　裁判開始と出席状況、原告車両の被害検証

（平成29年9月19日）簡易裁判所で第1回目の裁判が行われた。会議室風の部屋で、裁判官、書記官、双方の弁護士、原告の私、計5名が出席、被告は来なかった。

私の主張準備書面は打ち合わせ時に、相手の主張準備書面写しは裁判の前に、弁護士より貰い目を通すことで、相手の主張内容と比較出来る。
※双方が弁護士と打ち合わせして作成した裁判所提出書類は、なぜか「準備書面」と呼ばれていた。

裁判の場では、裁判官、双方の弁護士ともに特段の発言はなく、裁判所と弁護士の都合よい次回の裁判日程が決まる。（時間にして約10分弱程度）

以後の裁判も同様の繰り返しだった。

（10月19日、11月16日、その後1～2ヶ月程度毎に5回ほど開催された）

裁判中に私の車の被害状況検証を申し入れることで、簡易裁判所駐車場において、裁判官、書記官（双方の弁護士も立会）による検証となった。

裁判の前に、弁護士事務所で弁護士と打ち合わせをし、それぞれの主張である〔準備書面〕や〔陳述書〕などの書面を作成することで、その後の手続きは弁護士に一任して、裁判の席には出席しなくても良い。

但し、私は経緯と状況収集目的で出席し続けた。

【証言が必要な口頭弁論の1回だけは出席が必要】

2　通院慰謝料支払停止と相手よりの支払い訴え

被告への保険金支払停止願を保険会社へ提出することで、**支払停止**となった。

それに対して被告からは保険会社に支払い請求の訴えが出された。

その訴えに伴い、平成30年5月、今までの弁護士の他に、支払い請求に対処するための補助弁護士が参加することになり、計2人の弁護士が私に付くこととなった。

【この訴えに伴い、簡易裁判所による『私の車の被害状況検証判断』が出る前に地方裁判所へ移った】

08 地方裁判所での裁判

1 地方裁判所での裁判開始

平成30年8月28日。

大型楕円テーブルの部屋で、裁判官、書記官、こちら側の弁護士2名、相手側弁護士、及び私の6名による裁判となった。

ここでも簡易裁判所とほとんど変わりなく、事前に提出の「準備書面」提示のみで、双方の弁護士からの発言もなく、次回の裁判日程を決めるだけの短時間の裁判が1～2ヶ月間隔で5回ほど続いた。

2 相手車両被害写真の逆証拠提出

最も欲しかったドアミラーの被害状況写真が、ドアミラー交換修理時の写真（乙第8号

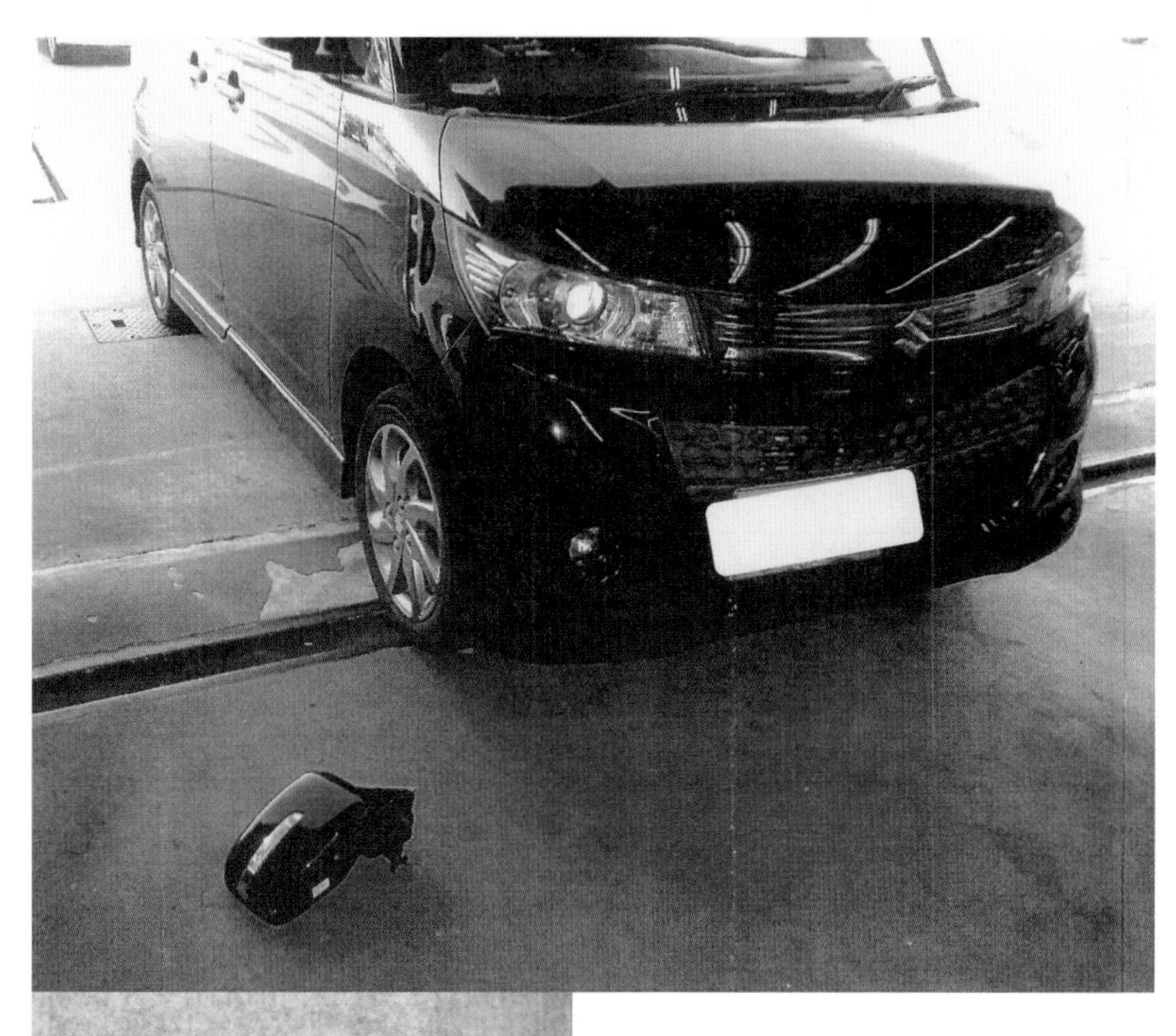

写真Ａ　乙第８号証
今回の接触により塗料が剥げた場所（他の白い部分は光の反射）

証）として相手より提出されたので、私はさっそく修理した工場へ行った。写真のとおり、僅かな塗装の剥げのみで他に損傷がない、床に置いてあるドアミラーが、今回の事故品であることを確認。非常に軽い事故の逆証拠としての採用を弁護士に提言し、弁護士より裁判所へ証拠提出された。【写真Ａ参照】

3　事故車両の検証と写真撮影、添付

私の車の軽い被害状況を見てもらいたく、裁判所に「検証申立書」を提出（10月３日付）。

次回の裁判時（10月16日）に駐車場での裁判官による検証となり、前記の６名が参加した。

事故発生から約23ヶ月、車庫保管の上、洗車も注意深く手洗いしての証拠保存に努めた。それでも車体に付着した塗装は、少々薄くなってしまったが、逆に車体に傷や窪みなどないことがわかりやすくなった。

私は、細い横一線の塗装付着が、相手のブレーキで**緩やかに約２㎝ほど斜め下向きの線である状況**を示し、怪我するような急ブレーキではないとの説明と主張をした。

4　裁判官よりの質問と返答

①相手の車の色は？

「黒色です」

②（私の車に）窪みなど傷はありませんね？

「はい。相手車ドアミラー塗装の付着だけです」

③では写真を撮って下さい。

車体側面全体、塗装付着部分、車体に傷、窪みがないことがわかる角度からの撮影指示も受け撮影する。【写真B参照】

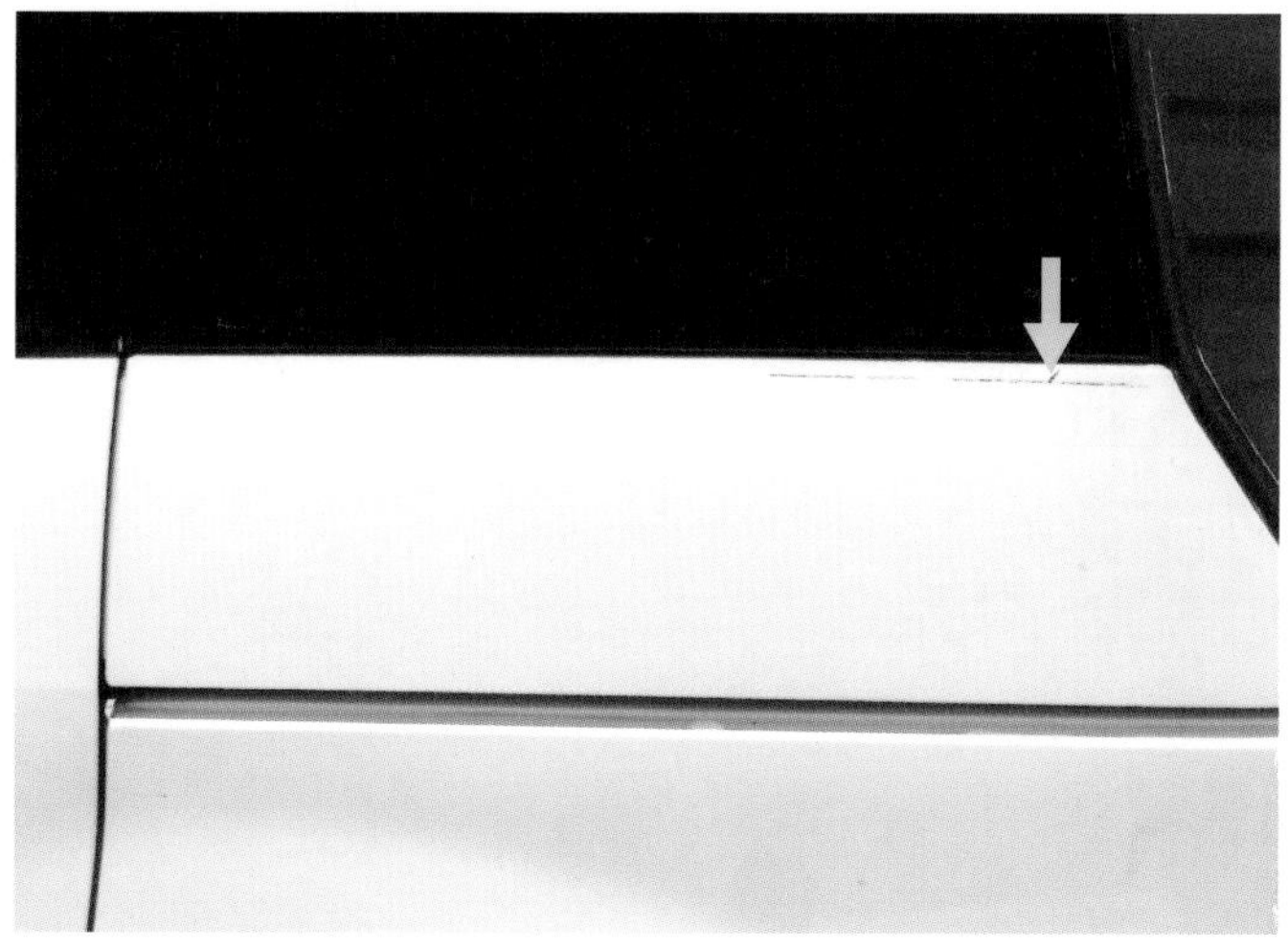

写真B

09 地方裁判所による和解案提示

平成31年2月4日付で、裁判所より和解案提示があった。

1 和解案提示の内容

イ、私の事故状況主張（追い越された相手が加速して接触）は認め難い。右側に飛び出さないように速度を緩めたり、私の車が左に寄った推測も可能とのことで、事故の**過失割合は**、通常の追突事故の割合である、**私の8割、相手の2割**とする。

また、現場は普通車2台が数十センチほどの間隔で並走出来る場所として、相手側主張の「追い越し危険場所」については、過失割合の修正要素ではない（認められない）。

ロ、事故態様は擦過で、接触そのものの衝撃は軽微、相手が負傷したとは考えられない。急ブレーキによりそれほど急激な減速があったとは考えられない。

また、自らかけた急ブレーキ（不意に減速による衝撃を受けたものではない）シートベルトは着用していたはず、との指摘で病院への通院は認めるが整骨院通院は認めない。

よって保険会社より病院、整骨院への一括立替支払いされた慰謝料を含めた治療費より約10万円少ない金額を提示された。

2　和解案提示に対する反論と拒否

この和解案に対し、負傷したとは考えられないと述べながら病院の費用を認めるのはおかしいのではないか、と思った。但し、過失割合は事故時の証拠録画がないので、相手の加速を認めない判断でも致し方ない。

私としては和解案提示の「私8で相手2」の過失割合が、9対1でも10対0でも構わない。「怪我をしていないと思われる相手への自賠責保険による通院慰謝料支払いを阻止すること」が裁判の目的であり、

「この裁判で勝っても私には何の利益もないのに裁判を起こした心情をわかって欲しい」

と述べた。

相手側は、

「こちらの保険会社に許可を得ての整骨院通院であり、すべての支払いをすべき」

と主張し、双方とも和解案を拒否した。

10 口頭弁論（聴聞）開催

双方とも、和解案を拒否したため、裁判による判決が出ることとなった。**相手側は「口頭弁論なしでの判決」**と主張していたが、事故当日と現場検証時の2回、相手による警察官への状況説明の話し方と感触から、私は「尋問時の説明で必ず**失言する**」と確信。弁護士にその旨を申し添えて口頭弁論開催を主張した。

7月10日、裁判の口頭弁論が行われた。裁判官、書記官、速記官、こちら側弁護士2名、相手側弁護士、被告、それに原告の私の8名が出席した。書記官の横にはマイク2個付の録音機が設置されていた。ドラマなどでよく知られている裁判風景で、まず原告、被告ともに嘘をつかない旨の宣誓書にサインと、嘘の場合は処罰があるとの説明があった。全員起立のもと、双方宣誓書を朗読しての宣誓。

原告の私から、続いて被告の口頭弁論が開催された。

11 原告の口頭弁論内容（速記録）

【口頭弁論時の原告「速記録」（裁判所作成）より】

1 原告弁護士による尋問（1）

1

質 この書面は、あなたが話した内容を私がワープロでまとめて、内容に間違いがないということで、ここに署名して印鑑を押したものということでよろしいですか。

答 はい。

2

質 あなたのこれまでの運転経験について聞いておきたいんですけれども、自動車の免許を取得してからどれくらいたちますか。

答 車（4輪）の免許を取ってから約40年ぐらいだと思います。

3

質　この事故があったのが平成28年11月29日なんですけど、この2、3年は大体、年間どれくらい車を運転してますか。

答　私、自営業で仕事をしておりまして、この2、3年は2万5千から3万の間ですね。それ以前は年平均3万キロ走っております。

4

質　今回の裁判になっている事故以外に事故を起こしたり、交通違反で捕まったなどということはありますか。

答　その期間中に日田市内を走ってて、助手席に置いた（仕事で使用の）カメラが落ちたのを拾おうとしてシートベルトを外した時にシートベルト違反を一回取られております。（これで連続のゴールド免許はなくなった）

5

質　それ以外にはないということですね。

答　ありません。

6

質　今回の事故のことについてお聞きしますけども、今回の事故は平成28年11月29日、この時はどこからどこに向かっていたんですか。

6

答 当日は火曜日でした。日曜日から大分県の○○で点検をしまして、その帰りでした。ですから、方向としては日田方面から久留米方面に筑後川の堤防沿いを走っておりました。

7

質 この時、自動車を運転するにあたっていつもより慎重だったとか、大胆だったというようなことはありますか。

答 もともと私は慎重な運転をしておりますが、当日は○○で点検をするために高額な測定器一式、下に車輪が付いている発電機を積んでおりまして、いつも以上に慎重な運転をしておりました。

8

質 筑後川の堤防沿いを日田方面から久留米方面に向かう途中に、被告の車両と前後の関係になったんですかね。

答 はい、私が後ろにつきました。

9

質 別紙1の図面ですが、これは現場付近の航空写真で、あなたが被告の車両に気付いたのはどの辺りになりますか。

答 ○○に入る橋から50ｍぐらい先に分岐路がございます。それを筑後川の方に渡って２００ｍぐらい走った頃だと思います。

10

質　この図面に指示がしてあるんですけど、①よりも手前の辺りで被告の車両を見付けたんですかね。

答　はい。

11

質　被告の車両のスピードはどれくらいでしたか。

答　私の車のメーター読みで40キロのちょっと下ぐらいでした。車検表、その他を見まして、マイナス４キロの誤差があることを知っておりましたので、35キロ程度だと判断しました。

12

質　時速35キロ程度というのは、あなたにとってみると、どういったスピードになるんですかね。

答　時々この道を走ってますが、ここは制限速度40キロなんです。皆さんプラス10キロ、大体50キロ前後で走っておりましたので、異常に遅かったんで、スマホか携帯かなと思いました。

13

質　今のスマホか携帯かなというのは、スマホとか携帯をどうしようとしていたということですか。

答　使っていたのかなと思いました。

14

質　被告がスマホとか携帯を使っているのでスピードが遅いんじゃないかと思ったということですか。

答　はい。

15

質　スピードが遅い被告の車を見て、どういうふうに考えましたか。

答　こういう車は非常に危険ですね。どういう動きをするかわかりませんので、追い越そうと思って右側に出ました。

16

質　最初に追い越そうとした所がどの辺りになりますか。

答　発見してから200mかそこら走った辺りじゃないかと思います。

17

質　この図面で「①追い越しをかける」と書いてあるんですけど、この辺りで最初の追い越しをかけたというのは間違いないですか。

答　間違いないです。

18

質　最初に追い越しをかけて、被告の車がゆっくりだったらすぐ追い越せそうと思うんですけど、最初の追い越しの時に追い越せたんですか。

答　ずっと先方の、こちらから向かって左カーブ、相手から向かって右カーブの道を車が来るのが見えましたので、相当スピードを出さなければ追い越せないと思い前の車の後ろにつきました。

19

質　最初の追い越しは、対向車が来たので一度は諦めたということですか。

答　はい。

20

質　その後、また暫く被告の車両の後ろをついて行ったんですか。

答　はい。緩やかな左カーブで（前の車で）見通しがあまり良くないので、約1.3㎞なんですけど、ずっとついて行きました。

21

質　その後、もう一度追い越しをかけようとしましたか。

答　はい。

22

質 それがどの辺りになりますか。

答 後で現場を見に行ったところ、1.3㎞を指していまして、1.3㎞地点で緩やかな右カーブとその先が直線になりまして前方の安全確認が出来ましたのでそのまま追い越しをかけました。

23

質 この図面には「③再び追い越しをかける」というふうに矢印が書いてあるんですけれど、この辺りで2度目の追い越しをかけようとしたことで間違いないですか。

答 間違いありません。

24

質 追い越しをかけようとして、どうなりましたか。無事に追い越せましたか。

答 追い越しまして私が随分前に出ましたので、左に戻るために相手の車の位置を見ようと左側のドアミラーを見たところ、私の助手席の扉に相手方のボンネットの先が見えたのでビックリしました。

25

質 具体的に聞きたいんですけど、もともと被告の車両というのはあなたからすると遅いスピードで走っていたんですよね。

答 はい。

26

質 そうすると、追い越しをかけようとするとすぐ追い越せそうなんですけど、なぜなかなか追い越せなかったんですか。

答 私は追い越しが終わったものと思ってたんですけど。というのは、堤防沿いで幅が4.5ｍぐらい（実測値4.8～4.9ｍ）しかなくて、右側に非常に注意を払っておりまして、そろそろ追い越しが終わったと思って左を見たところ、相手の車のボンネットが見えてびっくりしたというのが正直なところです。

27

質 どうして、すぐに追い越せなかったと思いますか。

答 私の車が前に出た時に先方の車がスピードを上げられたものだと思います。

28

質 まだ暫くしても追い越せなかったということで、もう一度、追い越そうというふうに考えたんですか。

答 私の車が車半分ほど、約2.5ｍ前に出ていましたので、私が先にスピードを出して前に出る方が安全だと思いましたので、スピードを上げました。

29

質 そうすると、追い越すことは出来ましたか。

答 はっきり言って、そこまでは見ておりません。堤防ぎりぎりの右側を見るのが精一杯で、それから次が緩やかな右カーブでしたので右カーブぎりぎりを走ることだけに専念しておりまして、見ておりません。

30

質 最終的には、被告の車両よりも前に出ることは出来たんですか。

答 出来ました。

31

質 その時に何か起こりましたか。

答 私は追い越して安心した途端、後ろからクラクションが鳴りましたので、私としては、危険な運転をしたくせに嫌がらせのクラクションだと思いましたので、車を止めて降りていきました。

― 略 ―

36

質 被告の車両がクラクションを鳴らしたということですね。

答 はい。

37

質　被告の車両のクラクションを聞いて、あなたはどのような行動をとりましたか。

答　適当な場所に車を止めまして、クレームを付けようと思って降りていきました。

38

質　クレームを付けようというのは、被告にクレームを付けようということですか。

答　そうです。

39

質　どうしてクレームを付けようと思ったんですか。

答　本来であればゆっくり走っていたから、追い越されたらそのままにしとけばいいのに、スピードを上げてきて接触したんですから危険な運転をされたと思っています。で、接触したのは気付いておりませんでしたので、ただ追い越されて嫌がらせのクラクションだと思いましたので、この野郎と思いました。

40

質　その時点では、接触したというふうにあなたは思っていないわけですね。

答　はい、思っておりません。

41

質　あなたが車を降りて、その後、被告の車の方に近づいて行ったんですか。

答　はい。

42

質 その時に被告は何をしていましたか。

答 車の中でもぞもぞ動いておりまして、暫くしたら携帯で話しながら降りてきて、先方の車の前を通り過ぎて路肩で電話を始めました。

43

質 どこにとか、誰と電話しているのかというのはわかりましたか。

答 話の一部が聞こえましたし、雰囲気としまして、警察に事故の連絡をしてるもんだと思いました。

44

質 あなたはその間、何をしたんですか。

答 じっと待っていましたが、結構長い間、電話しておりましたので、相手の車を見ました。警察に電話するということは事故だと思いましたので、相手の車を見ました。

45

質 確認したということですね。

答 はい。

46

質 何か事故の跡のようなものは見付かりましたか。

答 はい。相手の車が黒っぽい車でして、ドアミラーの先端がやや白くなっておりました。

※乙第8号証（車両写真）を示す（33頁写真参照）

47

質 この写真が被告の車両ということで間違いないですか。

答 はい、間違いないです。

48

質 ドアミラーの先端が白っぽくなったというのはどこのことですか。

答 交換した作業所に確認に行きました。下にあるドアミラーが外したドアミラーだと返事を頂きましたので、ドアミラーの手前の下の方がやや白っぽく見えてますが、その辺りが白くなっていただけです。

49

質 外して下に置いてあるドアミラーが事故の時に付いていたドアミラーだということですね。

答 はい、そのように先方様からお聞きしました。

50

質 この写真でいくと、ドアミラーの下の方に少し白い点のようなものが見えるんですけど、それが、あなたが見付けた白い跡だということになりますか。

答 そういうことになります。

51

質 その白い跡を見て、あなたはどう思いましたか。

答 接触したのかと思い、自分の車を見に行きました。

52

質 あなたの車は何か跡が残っていましたか。

答 私の車を見て事故らしい跡が見えないので、接触するなら一番飛び出した左ドアミラーだろうと思いまして、ドアミラーを見たら小さな傷がポツンとあったので、これが接触したんだと思って、その後来られた警察の方に「ここが接触跡です」ということを説明しました。

53

質 後からわかると思うんですけど、今のドアミラーの跡というのは接触した跡だったんですか。

答 いいえ。よく考えれば、追い越す時に広い視界で見ていますので、ドアミラーが当たれば見えていたはずなんですね。先方様のドアミラーの傷と私のドアミラーの傷があまりにもかけ離れてるんで、（翌）朝、自分の車を見に行って、私の車に他に薄い線があるのに気付きました。

（即、損害保険代理店に訂正の連絡をした）

―　略　―

61

質 あなたが傷などを確認して、被告は警察に電話してたんじゃないかというその電話が終わった後、あなたと被告は何か話をしましたか。

答 間もなく、後で聞きましたら駐在所の方だったらしく、二人来られたから、二人で歩いて行く時に、私と並行して走ってて私から追い越されて、「なんでスピードを上げたの」という意味で聞きましたところ、「スピードは上げてません」という返事を頂きました。

62

質 それ以外に被告と直接、会話のやり取りをしましたか。

答 一切しておりません。

63

質 あなたが被告に対して謝るというようなことはありましたか。

 私は先ほども申し上げたように、（相手が）危険な運転をしておいて嫌がらせのクラクションを鳴らして、この野郎という気でおりましたので、謝る気は毛頭ございませんでした。

64

質 被告が怪我をしていないか心配するような、そういった発言をしたことはありますか。

答 接触したこと自体を知らなかったんですから、怪我を心配する必要はございませんのでしておりませんし、内心腹が立っていましたので、そういう発言は一切しておりません。

この部分は平成30年1月、被告が裁判所に提出した陳述書に書かれていた内容（事故時、車から降りてきた私が「すみませんね」「怪我は大丈夫ですか」と声を掛けてきたと接触に気付いていて謝ったかのような証言記載）の真偽についての質問です。

2　被告弁護士による尋問

■事故見分調書内容について■

111

質　実況見分調書の2ページの一番最初の行に「立会人（原告）の指示説明」と書かれていて、車の動きに関しての位置関係とか、その他のことが書かれているわけなんですけれども、12行目に「見通しを妨げたもの、運転操作などに影響を及ぼしたものはなかった」と原告の指示説明の内容として書かれているんです。先ほどのお話では、被告の車を追い越そうとした時に被告の車もスピードを上げたとか、被告の車が接触時に右側に近づいて来たとか、そういったことがもしあれば、そういう御認識があるんであれば運転操作に影響を及ぼしたものはあったということになるんじゃないかと思うんですけれども、ここでなかったと書かれているということは、警察には、運転操作に影響を及ぼしたものはなかったという説明をされたということではないんですか。

答　私はそういう意味に取ってなかったんです。運転操作に影響のあるものが例えば運転席にあったとか、道路に何か見通しを妨げるもの、車内に妨げるものがあったかという意味を聞かれたと思って、「なかった」と返事しております。

―　略　―

3　原告補助弁護士による尋問（2）

■事故時の状況■

122

㊢ あなたが（被告の）車の横を通過して追い抜いた時に何か音がしたとか、車が揺れたとか、そういう接触を窺わせるようなことは何もなかったということでよろしいですか。

㊟ 一切感じておりません。

123

㊢ あなたの車にカーステレオを付けているとか、音を鳴らしたりするものはありますか。

㊟ ありますけど、ほとんどカーステレオは鳴らしてませんし、ラジオをたまにつけることはありますが、その時はラジオをつけておりません。

124
質　この事故の時は、車の中で何か音を鳴らしていたことはないということですかね。
答　ありません。

125
質　ここの道路はどんな感じなんですか。路面の状態は凸凹の道路なのか、スムーズにすっと走れる道路なのか。
答　舗装されたきれいな道路です。

126
質　日常、走っている時に凸凹、車が揺れるとかいうことはないんですかね。
答　ありません。

これは、接触した音に気付かなかったか、との質問と思われるが、横の相手車より離れるために加速した時のエンジン音の高まりと、道路右端ギリギリを走ることに集中しており塗料が付着する程度の接触音では聞こえるはずもない。但し、急ブレーキをかけていればそのブレーキの高音は聞こえるはずである。

12 被告の口頭弁論内容（本人調書）

【口頭弁論時の被告「本人調書」（裁判所作成）より】

1　被告弁護士による尋問

■事故までの経緯と通院理由■

質　この乙1号証の陳述者というところにあるお名前と判子、これはA（被告　※以下Aとする）さんがこの陳述書の内容に間違いないということで署名押印されたものということで間違いないですか。

答　はい、そうです。

質　最初に、今回の事故が起こるまでの経緯についてお伺いしていきますが、今回事故が起こる前に、Aさんは、この日、○○市にある勤務先から自宅のある××市の方向に

向かって車を運転していたということですね。

答 はい。

質 今回の事故が起きた道路を走行していた時の車のスピードはどれくらいだったと記憶していますか。

答 時速40㎞ぐらいです。

質 その走行していた途中で、鹿島（原告である私）さんの車がAさんの車の後ろに近づいてきたということがあったんですか。

答 はい、そうです。

質 最初に鹿島さんの車がAさんの車の後ろの方に近づいて来た時にAさんはどういう運転操作をされましたか。

答 相手の車が接近してきましたので、若干スピードを上げて車間距離を空けようとしました。

質 今おっしゃった最初に鹿島さんの車が近づいてきたので距離を空けようとした地点と

いうのは、この別紙図面1で言うz、この辺りというご認識で間違いないでしょうか。

㊟ はい、そうです。

㊕ スピードを上げられて、車間距離は空いたんでしょうか。

㊟ はい、車間距離が空いたんで、またスピードを40㎞ぐらいに戻しました。

その後、

「突然、原告の車が追い越しをかけてきて追い越す際に衝突した」

「車内に衝撃があった」

「急ブレーキをかけ停車したが原告の車がそのまま走行していたのでクラクションを鳴らした」

「この道路は進行方向にはないが反対方向から来る車両にはこの道路入口1ヶ所に追い越し禁止標識があり、追い越しするのは相当困難で危険」

との発言が続く。

ここは追い越し禁止でなく、被告の道路幅員4.2ｍの主張に対して、道路幅員は4.8～4.9ｍあり、追い越しが困難なほど狭くないことが、裁判に提出された交通事故現場見取り図にも記されており、後の判決でも認められている。
また、相手が指摘している追い越し禁止標識は、今回事故が発生した道路へ分岐する前の黄色いセンターラインがある道路用と思われ、紛らわしい標識は事故後撤去されている。
（約2.5㎞のこの道路には往復19個の標識が設置されており、追い越し禁止標識はこの1個だけ、しかも逆方向であったことでもわかるはずである）

質　今回こういう接触事故があった後の話をしますけれども、事故があった後に、Ａさんは病院に行かれていますね。

答　はい。

質　事故後、病院に行った理由を教えて頂いてよろしいですか。

答　事故の翌日に、首と手首、痛みがありました。そのため、翌日だったので事故が原因だと思い、相手の保険会社さんに許可を貰って病院に行きました。

質 病院の先生からは、その訴えられた症状についてどういう診断を下されましたか。

答 頸椎捻挫と両手首の捻挫ですかね。

質 診断書には打撲なども書かれていますけど、そういった診断を受けていたということですね。

答 はい、そうです。

― 略 ―

■整骨院通院の理由■

質 この〇〇病院への通院に加えて、Aさんは整骨院に通われていましたよね。

答 はい。

質 この整骨院に通院するようになった理由を教えて頂けますか。

答 整骨院へ通院するようになったのは、仕事の勤務終了時間後に病院はやっていませんでしたので、勤務終了後にもやっている整骨院で施術を受けようと思いました。

質　そういった理由で整骨院に行くということは、○○病院の医師にも説明をされていたんでしょうか。

答　はい、話をしました。病院の先生は整骨院に行くことを了承してくれて、「時間がある時には病院にも見せに来てね」というふうに言われました。

2　原告弁護士による尋問（1）

■事故の状況と仕事内容■

質　今回、事故の時に衝撃を受けたというふうにおっしゃいましたけど、具体的にどういった衝撃だったんですか。

答　車が**ちょっと揺れる**感じです。

質　どの方向に揺れたんですか。

答　**方向までは覚えてない**です。

質　つまり、縦に揺れるか、横に揺れるか、あるでしょう。

答　**覚えてない**です。

質　体が揺れたということはありましたか。

答　体が前に行った感じはあります。

質　それは、あなたは、事故があった後、急ブレーキを踏んだと先ほどおっしゃいましたけど、ブレーキを踏んだから、当然前に体が揺れるとは思うんですけど、その前に接触したことで体が揺れるということがあったんですか。

答　体が、車は揺れたように思います。

質　というのは、今のは体は揺れてないということですか。

答　それはちょっと**覚えてない**です。

質　急ブレーキをかけたということですけど、現場に急ブレーキ痕は残りましたか。

答　確認していません。

質　当然、その後、警察官が来た時も、警察官にブレーキ痕を見せたりはしてないですね。

答 はい。

質 それから、怪我についてお聞きしますが、お仕事はどのようなお仕事をされてるんですか。

答 製造業です。

質 具体的にあなたがやる仕事の内容というのは、どういったことですか。

答 具体的に……。

質 つまり、今、製造業でもいろんな作業をすると思うんですけど、まず、現場で体を動かす作業をする仕事ですか。

答 はい。

質 どういった作業をするんですか。何か重いものを運んだりするようなことも書いてありましたけど、どういったものを運ぶんですか。

答 鉄、金属部品を作っているんですけど、その金属部品を加工する仕事です。

質 金属部品を加工する時に、重いものを運ぶというのは、どういったものを運ぶんですか。

答 その金属部品です。

質 金属部品を幾つも、大量に運んだりするんですか。

答 大量に運ぶこともありますけど、大量に運ぶ時は台車を使って運んでいます。

質 **手で運ぶ時で、**大体どれくらいの重さ、**何キログラいのものを運ぶ**ことがあるんですか。

答 一番重いので、自分が働いているところで重いので、一つ**重いもので5kgぐらい**だと思います。

質 それは、**台車で運ぶ時**の重いので言うとどれくらいなんですか。

答 **25から30kg**ぐらいですかね。

質 だから、5kgぐらいのものだったら台車を使わず手に持って運んで、25kgとかそういったものを、台車に乗せる作業はするわけですよね。

答　はい。

— 略 —

この後、午前6時から午後6時までの、4日行って2日休みの6日交代勤務との証言もあった。

■**医者による整骨院通院許可**■

質　実際、この事故が起きてから、仕事を休んでないですよね。

答　はい。

質　だから、今みたいな作業、説明してもらった作業が出来る程度の体だったということではありますよね。

答　はい。

質　先ほど、○○病院以外に整骨院に行くことも**お医者さんに許可を貰った**というふうにおっしゃいましたね。

答　**はい**。

㊫ その許可は**いつ**貰ったんですか。

㊮ **覚えてないです**。

㊫ **最初に○○病院に行った日**に貰ったんですか。

㊮ いや、**最初ではない**ですね。

㊫ でも、あなたは、平成28年11月30日に病院に行った後、その翌日に12月1日からこの整骨院に行ってるんですよね。

㊮ はい。

㊫ だから、整骨院に**最初に行った時は**、お医者さんの**許可を貰ってない**ですよね。

㊮ 翌日、**行く前じゃないですかね**、整骨院。

㊫ 翌日行く前に許可を貰ったんですか。

㊮ はい。

質　**どうやって**許可を貰ったんですか。

答　それは**ちょっと覚えてない**です。

質　（診断録を示し）これが○○病院のカルテです。あなたは平成28年11月30日に行ったという記録があります。その次に行ったのは平成28年12月7日という記録になっています。だから、**整骨院に行く前にはお医者さんの許可は貰っていないんでしょう。**

答　ちょっと**よく覚えてませんが、行く前か、もしかしたら行ってる途中には、確かに伝えました。**

質　伝えたんですか。許可を貰ったんですか。

答　はい。

質　お医者さんが整骨院に行っていいと言ったんですか。

答　はい。

質　いつ言ったかは覚えていない。

答　はい。

―　略　―

■湿布薬使用状況■

質　記録を見ると○○病院で処方箋を出してもらって湿布薬を貰ってますよね。

答　はい。

質　その湿布薬を貼っていたんですか。

答　はい。

質　具体的にどこに貼ってましたか。

答　首と手首ですけど。

質　どういうふうに、湿布薬、あるとしたら、まず、１枚をどこに貼るといったらどうなりますか。どんなふうに貼ってましたか、首と手首に。

答　どんなふうに貼ってました?。

質 例えば、首に貼ってたんですよね。

答 はい。

質 湿布薬って比較的広いですけど、それをまるまる1枚首に貼ってたんですか。切って貼ってたんですか。

答 いや、1枚、2枚首に貼ってて。

質 湿布薬を2枚首に貼ってた。

答 はい、首から肩にかけて。

質 首から肩にかけて、まず湿布薬を2枚ですね。

答 はい。

質 手首には貼ってたんですか。

答 手首には、家にいる時だけ貼ってました。

㊖家にいる時だけ貼ってたって、どういう貼り方をするんですか。

㊎巻くようにして。

㊖両方とも1枚ずつ使って貼るんですか。

㊎はい。

㊖湿布薬は、その病院の処方箋で貰う、処方箋を貰って買うもの以外に何か普通に薬局で誰でも買えるような湿布薬というのも買っていましたか。

㊎いや、それは買っていないですね。

㊖だから、病院で処方箋を貰った湿布薬だけですよね。

㊎はい。

㊖（御請求書、調剤報酬明細書を示して）2枚目を示します。これが湿布薬を買った資料なんですけど、まず最初に病院に行った11月30日に14枚貰っているんですよね。

㊎はい。

質　４枚目を示します。その次に病院に行った12月7日と12月21日に、合計28枚。だから、これ14枚ずつ貰ってるということですよね。これ最初に貰ったのは、７日間で、だから、14枚使ったということになるんですよ。これだと。

答　はい。

質　だから、今みたいに首に２枚貼って、手首にも貼ったりしたら、**当然足りなくなりますよね。**

答　**計算的にですか。**

質　うん。

答　**そうですか。**

質　だから、今の貼り方というのは間違ってるんじゃないですか。**事実と違うんじゃないですか。**

答　**いや、毎日貼ってたわけじゃないんで。**

質　貼らないでいい日もあったんですか。

答 **かぶれたりしたんですね。**

質 ちなみに、その後、14枚貰った後、乙5号証の6枚目を示します。1月19日まで行ってないいんですよ。この間、かなり湿布薬というのはないまま過ごしてるということになるんですよね。だから、**本当は痛くなくて、湿布薬とか貼る必要はなかったんじゃないですか。**

答 いや、さっき言ったように、たぶんかぶれたりしたから、やめたり、なんか、塗る薬貰ったような、代えてもらったような気がしたんですけど。

質 （御請求書、調剤報酬明細書に塗る薬の記録は）**どこにも出てこないんですけどね。湿布薬しか出てこないんですけど。**だから、本当はそういう、自分で湿布薬を貼ったりとかしていないから、今、間違った答えをしているんじゃないんですか。

答 いいえ、貼ってましたよ。

―　略　―

3　原告補助弁護士による尋問（2）

■過去の事故状況と整骨院通院許可■

質　まず、あなたは運転免許はいつぐらいに取られましたかね。

答　12年ぐらい前ですかね。（事故は約3年前だから事故時は9年ほど前に取得）

質　今、お幾つですか。

答　31です。（事故時は28歳と思われる）

質　12年前ぐらいに運転免許を取られて、今回の事故が平成28年11月の事故ですけど、その間に、これと別の事故に遭ったことはありますか。

答　その期間中ですか。

質　その期間中。

答　いや、ないです。

質　じゃあ、この事故の後に事故に遭ったことはありますか。

答 ないです。

質 後にも先にも、あなたが遭った交通事故は本件だけということでいいですか。今まで。

答 今まではありますよ。

質 何か他にあるんですか。

答 その期間中はないです。

質 事故期間中というのは、もう一度聞きましょうか。あなたが運転免許を取ってから今まで、今日までの間に交通事故って何回か遭ったことあるんですか。

答 あります。

質 そのうちの1回が本件のやつね。

答 はい。

質 後はいつあるんですか。

答 その後はないです、事故後はないです。

質 事故前にあるということですか。

答 はい。

質 事故前はいつぐらいでしたか。

答 **覚えてないです。**

質 何歳ぐらいとかでいいですよ。

答 **20代しか覚えてないですね。**（今回の事故自体が20代である）

質 20代前半か後半か。

答 **覚えてないです。**

質 18か20歳ぐらいで免許を取られたんですか。18かな。

答 そうですね。

質 免許を取ってすぐぐらいでしたか。

答 免許取ってすぐも。単独、ちょっと削ったくらいはあります。免許取り立ては。その後に、車とかはあります。いっときして。

質 もう一度聞きましょうか。免許を取ってから今までに、結局、事故を何回ぐらい起こしたことがあるんですか。

答 起こしたというより、起こされたことがあります。

質 事故に遭ったことが何回ぐらいあるんですか。

答 2回ぐらいですかね。

質 もう一遍聞きますよ。本件がそのうち1回として。それをのかしてです。本件の他に2回あったわけやね。

答 はい。

質 その2件というのは、怪我が伴う事故でしたか、それとも物損だけでしたか。

答 怪我が伴っています。

質 **二つとも。**

答 **はい。**

質 あなたも怪我をされたんですか。

答 はい。

質 その時も、どこか病院へ通院されたんですか。

答 はい。

質 その時の怪我ってどういう怪我でしたか。2回あるんだったら、2回、それぞれにいつくらいって、何か特定出来ますか、何歳ぐらいとか。

答 いや、覚えていないですね。

質 じゃあ、本件が3回目でいいのかな。

答 はい。

質 じゃあ、1回目の事故はどんな怪我をしましたか。

答 腰は覚えています。腰やったのは。

質 腰の捻挫とか、そんな感じですか。

答 はい。

質 骨折とか大きい怪我はないんですか。

答 はい。

質 この時あなたは、車を運転していたんですか。

答 はい。

質 四輪車でいいのかな。

答 はい。

質 車対車の事故。

答 はい。

質　じゃあ、2回目はどこを怪我しましたか。

答　ちょっとはっきり覚えてないです。1回目が腰か、2回目が腰か、そこら辺もちょっと覚えてないです。どっちか腰やったのは覚えてます。

質　じゃあどっちか腰として、もう1回はどこでしたか。

答　ちょっと覚えてないです。

質　今回は首と手首ですよね。

答　はい。

質　首とかをやったことはありますか、前にも。

答　ちょっと昔のことなんで。

質　覚えてない。

答　はっきり、すいません。

質　いずれにせよ、本件の前に2回ぐらい交通事故で病院に通院したことはあるわけね。

答 はい。

質 その時の示談交渉とかはスムーズにいきましたか。

答 はい。

質 それは、どうやって示談交渉したのかな。保険会社が間に入ってくれて。

答 そうですね。

質 その時に、例えば、怪我した場合に貰える慰謝料はこういうふうな感じで計算しますとか、そういう知識もあるんですかね。そういう説明も受けましたかね、その当時。

質 **どうやったかな**。

質 よく覚えてなかったら覚えてないでいいです。

答 覚えてないです。

質 その過去の2回の時に、その時にも整骨院に通ったかどうか覚えていますか。

答 はい。

質　通っていますか。

答　はい。

質　**2回とも。**

答　**はい。**

質　**その時も、病院と整骨院ですかね。**

答　**はい。**

質　もう一遍お仕事の関係を確認したいんですけど、実際、あなたが手で持つ重いものというのは何キロぐらいまでですか。

答　5キロ、10キロぐらいですかね。片手で5キロ、両手で10キロですかね。

質　片手、片手で5キロずつ持つようなイメージなんですか。

答　いや、片手で5キロのものを持って、それを運ぶ時に、その5キロを二つ入れて運んで、台車に乗せるとか、そういう感じですね。

―　略　―

■急ブレーキについて■

㊫止まった時のあなたの姿勢、急ブレーキした時のあなたの姿勢ってどんな姿勢でしたか。

㊫急ブレーキかけた後ですか。

㊫うん、かけた時のあなたの姿勢、止まるまでの。

㊫やっぱり急ブレーキ踏んだんで、前のめりになったと思います。

㊫手はどうしていましたか、ハンドルを両手で持っている。

㊫はい。

㊫突っ張っているのか、曲げてるのか。

㊫曲げた感じになったとかな。

質　ハンドルでどこか体を打ちましたか。

答　胸ですね。

質　胸を打った。

答　はい。

質　それは病院にもそう言いましたか。

答　いや、痛くなかったので、それは言ってないです。

質　確認だけど、シートベルトはしていたんですか。

答　はい。

質　事故後、あなたの車のどこに傷が付いてましたか。

答　ミラーですね。

質　ボディーには傷はなかったんですかね。

答　はい。

― 略 ―

■整骨院通院許可について■

質 整骨院の件、先ほど、主治医の先生にも相談したと言われましたね。

答 はい。

質 先生に、ドクター、医師に相談したでいいんですかね。病院の人ではなくて**お医者さんに相談したということでいいですか。**確認。

答 いや、病院に電話して、**受付じゃないけど、そんな感じの人が確認して、また連絡があったような気がします。**

質 **誰から連絡があったんでしょう。**

答 **受付の人、たぶん。**

質 じゃあ、お医者さんとは話をしていないの。

答 **その受付の人が、たぶん聞いてくれて、いいですよって。**

㊫ 確認だけど、直接お医者さんと話をして整骨院のことを許可を取ったというわけじゃないのね。

㊮ **いや、通院しとる時には、行ったことちゅうか、行ってますみたいな感じで言ってます。**

㊫ 通院中ということかな。

㊮ はい。

㊫ お医者さんは何か言ってましたか。

㊮ **いや、病院にも来てね、来てねというか、時間がある時は。**

―　略　―

（ちなみに、病院は相手の自宅と整骨院の中間で、通り道と言える場所にある）

■事故被害状況■

㊫ ただ、あなたが確認したドアミラーの損傷としては、ここに少し白い点みたいのが見えますけど、この程度だったということで間違いないですか。この下の方の。

答 ですかね。

質 例えば、どこか部品にヒビが入るとか、この透明の部分が割れるとか、ドアミラー自体が壊れて、例えば取れてしまうとか、そういうものはなかったんですね。

答 動きが悪くなったのはあります。

質 ただ、傷として残っているというのは、その小さな点があるような部分だけだったんじゃないんですか。

答 そうですね。

― 略 ―

4 裁判官による尋問

■整骨院通院許可について■

質 あなたとしては、整骨院に行く前に○○病院に電話して、行っていいですかということを聞いたということですか。

答　はい。

質　どういうことで確認をとりましたか。あなたは**どういう言葉で確認を求めましたか。**

答　**「整骨院にも通いたいんですけど、行っていいか、先生に聞いてもらっていいですか」みたいな。**

質　そしたら、暫くして、いいですよと言われたんですか。

答　はい。

質　向こうの言葉としては、どんな言葉でしたか。

答　**「大丈夫です」みたいな。**

質　と言われたということですね。

答　はい。

尋問内容は、原告は『速記録』、被告は『本人調書』として文字化され、後日、裁判所より双方へ渡された。

本来、口頭弁論の前には原告、被告ともそれぞれの弁護士と、裁判で想定される質問、それに対する回答の綿密な打ち合わせをすることが多く、（弁護士の説明及び、他の裁判への証人出廷経験より）打ち合わせたと思われる前半のスムーズな証言とは違い、想定外だったと思われる後半の質問には、予想どおりの一貫性のない証言であった。

（私は打ち合わせの必要はなかった）

13 被告への尋問の感触

口頭弁論時は原告の私が先で、被告が後に聴聞を受けるので、次に述べる、1の内容は反論の機会がなく書面での反論をした。

1　勤務時間と事故発生時間

朝6時から夕方6時が勤務時間のため、病院の時間に間に合わず整骨院に通院したと証言していたが、事故当時は**社名入り作業服着用**（これで相手の勤務先が判明した）**での帰宅中**で、それは勤務時間中であるはずの**午後3時**だった。また、事故翌日の病院への通院、更には翌々日、最初の整骨院通院の説明、

「行く前か、もしかしたら**行っている途中には、**（病院に）**確かに伝えました**」

即ち診療時間中であったことも、興味ある証言だった。

2　急ブレーキ時の衝撃

証言どおりの、シートベルト着用、時速40km走行で、何度も急ブレーキを踏んでみるが、急ブレーキ時は無意識に体の各部に力が入り、この程度の速度では肩や腕を捻挫どころか衝撃も全くない。

逆に力が入らないと急ブレーキは踏めない。

また、この程度の速度ではシートベルトをしていることで、証言にあるように胸がハンドルに当たることは絶対にないという、至極当たり前の結果だった。

【以上を書面化、弁護士へ提出】

3　尋問証言に対する弁護士よりの「準備書面」

こちら側の二人の弁護士より裁判所に提出された「準備書面」には奇しくも同じ指摘がなされていた。

イ、病院の診療録に、医師が整骨院での施術を同意したことや、整骨院に通っていることを窺わせる記述が一切ない。

ロ、「病院の先生は、整骨院に行くことを了承してくれて、時間がある時は病院にも見せに来てねというふうに言われました」

と非常に具体的にあたかも直接医師に面談して同意を得たような説明をしたが、反対尋問では、

「いつ許可を貰ったか覚えていない」

「受付の人が、たぶん聞いてくれて、いいですよって」

「通院しとる時には、行ったことちゅうか、行ってますみたいな感じで言ってます」

と曖昧な説明に終始した。

更には裁判所による判決文にも、「具体的で一貫しているとは言えない」と指摘されていた。

4　その他の不可解証言

イ、弁護士が、病院の処方箋により薬局で買った湿布薬以外の購入がないことを被告に確認したうえで、使用枚数が合わない使用状況を指摘したのに対し、**「たぶんかぶれ**

たりしたから、やめたり、なんか、塗る薬貰ったような、代えてもらったような気がしたんですけど」との証言

ロ、今回を含め免許取得後の約10年間に3回の人身事故と、すべて「病院と整骨院のセット通院」、事故の時期と状況も「覚えていない」「忘れた」「どうやったかな」との理解に苦しむ証言

14 地方裁判所判決

11月18日判決が出され、その内容は次のとおりだった。

イ、病院治療費、整骨院の治療費の2割が認められ、診断書、慰謝料、その他の合計認定費用の支払いは、病院と整骨院への治療費が増額されたことで、一括立替支払い済額とほぼ同額だった。

ロ、訴訟費用は相手が8割、私の2割とする。

ハ、被告は私の車の修理費として約2万8千円の支払い。
（私は別途、相手車ドアミラー修理費約2万2千円を支払う）

車の修理費は、被害の軽さと車の買い換え間近なことにより、修理しない予定だったが、相手が人身事故扱いにした時点で、対抗して塗装付着の修理見積りを取り、こちらの被害として裁判に提出していた。

15
高等裁判所へ移行

相手が、上告することで高等裁判所での審理となった。

3年前の裁判初期に弁護士に提出していたが、なぜか裁判に提出されなかった「相手の虚偽を証明する録音の文字化書面」がここでやっと裁判所に提出された。

相手は「（3年前作成のため）時機に遅れた攻撃・防御方法」と切り返した。

こちらの弁護士が3年前に提出しなかったのは不手際かとの思いもあったが、大した問題ではなく、相手の確実な「偽証部分を裁判記録に残す」のが目的であり、その目的は達成と思うことにした。

16 高等裁判所での裁判

第1回目の高等裁判所による裁判が3月18日開催された。

通常の裁判風景で、私の弁護士、相手の弁護士、私の3人が出席。裁判官より、先日提出の「相手の虚偽を証明する録音の文字化書面」は「大した問題ではない」との予想どおりの発言。更には「相手の慰謝料はもう少し増やしてもいいのでは」との意外な発言があった。

（ここでも約10分弱程度の時間で終了した）

17 高等裁判所判決

1　和解案と判決の延期

4月10日予定の和解案提示とその後の判決は、新型コロナにより延期された。直前の急な連絡だった5月14日の和解案提示日は仕事で出席出来ず、弁護士より6月26日が判決日との連絡があった。

6月26日、地方裁判所の判決時のように判決15分前から高裁法廷前廊下で弁護士の到着を待つが来ない。

気付くと、判決時間を5分過ぎてしまい、慌てて法廷のドアに手をかけた時、法衣を着た裁判官らしき人が出てきて、

「判決は終わりました。弁護士は来ませんし、廊下にいても（地方裁判所ではあったような）声掛けはしません。改めて弁護士より判決文を貰ってください」

とのことであった。

普通の人の場合、高等裁判所での裁判は一生に何度もしないので流れを知らず、その発言、そして弁護士よりの説明不備には違和感を抱いた。

数日後、高等裁判所による判決文を弁護士より貰った。

地方裁判所の判決文に次の２点が変更追加となっており、弁護士も驚いた内容だった。

イ、慰謝料の増額と相手弁護士費用の20万４６７２円が追加。

ロ、訴訟費用は、相手が６割こちらが４割の負担。

２　上告について

判決後、弁護士に上告の意思を聞かれた。

当初は問題提起の目的で最高裁まで戦うと公言していたが、最高裁に上告すると更なる時間がかかり、新型コロナ流行で日本中が最も怯えていた折、持病がある高齢者としては次の2点で断念した。

・感染することにより、この出版が出来なくなる危険性

・一定の収穫があったこと

というわけで、**今回の裁判の**状況と経緯、そして**結果を読者の皆様の一般的、常識的判断に訴える**こととします。

3　裁判での収穫

◎最大の目的である、法廷での口頭弁論（尋問）にこぎつけることで、ほぼ期待に近い証言を引き出せ、その**発言が「本人調書」として、更には、「証言に一貫性のなさを指摘された判決文」として記録に残り、**このように発表出来たこと。

◎残念ながら通院慰謝料全額を止めることは出来なかったが、相手の主張よりは減額出来たこと。

◎そのままでは普通の事故による怪我として処置されるところが、今回は相手の**過去を含めた怪我と通院の実態**を損害保険会社にも知らしめたこと。

これらは十分ではないが、それなりの目的は達成した。

18 裁判でかかった費用

1、相手への**通院費用**、及び**慰謝料**は、人身事故のため、自賠責保険より支払われた。

2、**弁護士費用**と**裁判費用**は任意保険の**弁護士特約**より支払われた。

（弁護士特約は利用しても、翌年の任意保険掛金金額の増額対象にはならない）

3、相手車ドアミラーの修理費用は、私の車に付いた相手車塗料修理費用と相殺。その差額数千円は振り込んでもらったことで、事実上相手は自費でのドアミラー修理となった。

以上より、**私の持ち出しはなく、次年度の任意保険金の増額もなかった。**

自賠責保険とは、加入が義務付けられており、怪我、死亡、後遺症の人身事故時に支払

われる保険で、車の購入や車検時などに強制的に徴収されている。

しかしながら、事故当時、**怪我の症状が見受けられなくても**、患者が痛いと言えば、「**短期（1週間程度）の診断書**を出さざるを得ない」という話を病院の先生から聞いたことがあった。もしこれが実態なら、痛いとさえ言えば診断書が作られ、「怪我をした証明書」になる。

そのため、**病院と整骨院のセット**通院が3回目でも審査なく保険金が出たのである。

これだけの状況が揃っていても慰謝料支払いを増額する高等裁判所での判決（性善説？）は、以前よりよく言われている「**相手はまたどこかで事故を起こすよ**」の言葉が現実味を帯びて感じられた次第である。

19 裁判の流れ

さて、今回の裁判は次のような経緯で行われ、一般の民事裁判も似たような状況と考えるのでまとめておく。

①弁護士（法廷では代理人と呼ばれる）と契約する
契約時に着手金の支払い、文書発送などの費用実費概算金などを預けるが、今回は弁護士特約利用のため保険会社より支払われた。

②必要に応じて弁護士より連絡があり、（弁護士事務所で）打ち合わせ、準備書面、陳述書などが作成される

③裁判所での裁判は弁護士が代行してくれ、原告、被告とも特に出席の義務はなく顔を会わせることもない

今回、被告が出席しなかったのもこの理由によるが、私は本書出版の資料集めのため出席をし続けた。

④1～2ヶ月程度の間隔で数回の裁判の後、地方裁判所より**和解案の提示**がある
裁判に提出された双方の準備書面や陳述書、更には和解案の内容写しなどは、弁護士より渡され、裁判の席に出席しなくてもその進行状況は確認出来る。

⑤双方が和解案を了承すれば「示談書」を交わして裁判は終了する
今回は双方とも了承しなかったので法廷での「口頭弁論尋問」となり、判決が出された。
※口頭弁論での、弁護士と裁判官よりの「原告への質問とその答え」は書面化され「速記録」として裁判所より渡される。
※「被告への質問と答え」は録音、後日、書面化され「本人調書」として裁判所より渡される。

⑥被告が判決を不服として、高等裁判所に上告
高等裁判所裁判の費用も弁護士特約より支払われた。

⑦高等裁判所での裁判（10分足らずの1回だけ）で判決が出された
本文記述の理由により上告はせず「示談書」に押印（２０２０年11月）。
約４年の裁判は終了した。

⑧申立により、「地方裁判所で実施された私の車の損傷状況検証と写真（別ページに記載）」、そして、被告が提出した「軽い接触の逆証拠として利用した被害ドアミラー交換時の写真（別ページに記載）」の2点は、和解案の他、口頭弁論時にこちらの主張証明の資料となった
私がこの出版のために実施した調査や実験などの資料作成は必要なく、弁護士との打ち合わせ時に説明し、まとめてもらえば良いと思います。

これらの経緯より「裁判は簡単であり、怖いものではない」ことがわかってもらえるかと思います。

今回のような交通事故に限らず、様々な理不尽に対しても、**弁護士会や自治体（市役所など）に問い合わせると、弁護士による30分ほどの無料相談を紹介してもらえるケースが**

多く、その弁護士に詳しく教えてもらう方法も一案である。

裁判の終了に伴い、事故状況の証拠保存のため、買い替えを先延ばし使用していた車を丁寧に洗車し下取りにと見送った。

おわりに

今回、損害保険代理店B社経由でお願いした、損害保険会社への弁護士特約利用願、慰謝料支払停止願、相手よりの支払い訴え対応弁護士契約など、期待以上の素早い対応には心からの安心と感謝をした次第でした。

更には車両保険を使わなかったことで、本来なら3等級マイナスによる翌年の車両保険費に増加がなかったのも幸いだったと思います。

口頭弁論の法廷内では目を合わせてくれなかった被告にとって、尋問への応対はつらい時間だっただろう。この裁判の3年間でも弁護士が「相手は後悔しているでしょうね」と再三言っていたように気苦労が絶えなかっただろうと気の毒に思えました。そして立派な会社に勤務しておられるので、今後とも真面目に働き続けて欲しいと思いました。

さて、この事故で感じた件を次にまとめてみました。

①ドライブレコーダーは絶対に必要な装備である

私の機種は初期の古い製品で録画されておらず、すぐに新型に交換した。

②任意保険の弁護士特約は、その掛け金の安さもあり入っておくべきである

裁判に限らず、問題発生時には強力な後ろ盾になる。

③事故の場合、スマホやレコーダーなどで写真や録画を残す

イ、今回は判決に役に立たなかったが、録音と文字化により接触場所についての相手陳述書の偽証は証明出来た。

ロ、事故当日は録音がなく、口頭弁論61〜64（53〜54ページ）の相手主張内容について証明が出来ず残念であった。

以上から、**録音録画の必要性を強く感じた。**

④警察官との会話や検証時でも慎重な対応と録音は必要である

一部とは思うが、今回のように自分の思い込みを押し付けたり、こちらの言い分を聞かず調書作成の警察官がいたのも事実である。

幸いにも被告が裁判所に提出した準備書面には警察官作成の調書に書かれた場所で

はなく、現場検証時に相手が示し、私も納得、記憶していた場所を前提に書かれていたのが救いだった。

しかしながら、**裁判の判決文には、警察官作成の事実と違う調書を採用**の旨が記されていた。

その他、過去の経験の一例を述べてみる。

かつて、交通接触事故相手の関係者である男性に、事故の相手が怪我をしたとのことで、自宅へ来られたり、呼び出しを受け困っているとの相談を知人女性から受けた。

そこでこのような行動をやめさせようと、女性に付き添い男性を訪ね、話し合いをしたのでやめるとは思ったが、その帰る途中、念のため、こちらからの人身事故への届出を勧めた。

女性は人身事故扱いになることで、物損事故ではなかった処分の発生を心配していた(これが相手男性の脅し内容であり、弱みにつけ入るのが目的かと思われた)。

そこで、人身事故になると検察への提出調書作成のため事故現場での再検証はあるが、聞いた程度の接触事故なら処分はないだろうこと、万一あっても軽く、検察側も好んで処分するのではなく悪質な場合に処分するはずで心配はないと説明。そのまま警察署に寄り経緯を説明し、人身事故への手続きを申し入れた。

申し入れ時、相手男性の名前を告げた時の警察官の反応でも、届出をしてよかった、そして届出すべき相手だったとの思いが残った。

後日確認したところ、処分もなく相手男性からの連絡もなくなったとのこと。

このように相手の弱みにつけ込みたがる人には、悪質な常習性も考えられ、届け出ることが一時的に有利か不利かではなく、基本的かつ正当な対応で、弱みにつけ入られて更なる不利になる可能性を避けるべきとも説明した。


ちなみに、**今回の私の人身事故も処分は一切ありませんでした。**

著者プロフィール

鹿島 廣幸（かしま ひろゆき）

1946年、佐賀県生まれ、在住
1966年、電気主任技術者免許試験合格
東京、兵庫、福岡で主任技術者として17年程勤めながら、関連資格7種取得
1985年独立し電気事務所を開業
運転には細心の注意を払って多くの顧客先を走り廻っている

車の軽い接触事故で通院の相手と裁判で戦ってみました

2023年3月15日　初版第1刷発行

著　者　鹿島 廣幸
発行者　瓜谷 綱延
発行所　株式会社文芸社
〒160-0022　東京都新宿区新宿1－10－1
電話　03-5369-3060（代表）
03-5369-2299（販売）

印刷所　株式会社フクイン

©KASHIMA Hiroyuki 2023 Printed in Japan
乱丁本・落丁本はお手数ですが小社販売部宛にお送りください。

送料小社負担にてお取り替えいたします。

本書の一部、あるいは全部を無断で複写・複製・転載・放映、データ配信することは、法律で認められた場合を除き、著作権の侵害となります。

ISBN978-4-286-29043-0